Dieses Buch gehört:

Rund um die Welt zur Weihnachtszeit

Barbara Peters · Wiltrud Wagner

Hase und Igel®

Besuch in der Nacht

Es ist dunkel. Anna und Max
können nicht schlafen.
Der Advent hat begonnen.
„Ich freu mich auf Weihnachten", sagt Anna.

Da klopft es ans Fenster.
Draußen sitzt ein Männchen
mit weißem Bart und roter Hose.
Neben ihm liegt ein bunter Märchenteppich.

„Wollt ihr mit mir durch den Advent fliegen?",
fragt der fremde Wichtel.
Anna und Max müssen lachen.
„Wir können nicht fliegen!", sagen sie.

„Ihr nicht, aber mein Teppich!" Der Wichtel kichert.
„Ich fliege mit ihm durch die ganze Welt!
Jeden Tag in ein anderes Land. Kommt ihr mit?"

„Oh ja!", rufen Max und Anna begeistert.

Das Weihnachtslama

„Wir landen in Ecuador bei Rico!", ruft der Wichtel.

Vor Anna und Max steht ein Junge mit seinem Lama.
Aus einem Korb holt er bunte Bänder
und schmückt das Tier mit vielen Schleifen.

„Warum machst du das?", fragt Anna.

„Ich übe für Weihnachten." Rico lacht.
„Am Heiligen Abend gibt es
einen großen Umzug in der Stadt.
Viele Kinder verkleiden sich als Christkind.
Und wir schmücken unsere Lamas.
Bunte Weihnachtswagen fahren durch die Straßen
und überall spielen Musikkapellen.
Darauf freue ich mich schon sehr!"

„Das wird bestimmt ein toller Umzug!", ruft Max.
„Dein Weihnachtslama sieht jedenfalls super aus."

Das Wunschzettelfenster

Der Wichtel lenkt den Teppich nach Ungarn.
In einer Straße entdeckt Max zwei Kinder,
die ein Fenster von außen mit Zetteln bekleben.

„Lass uns dort landen!", ruft Max dem Wichtel zu.

„Warum klebt ihr Zettel auf das Fenster?",
fragt Anna die beiden Kinder.

„Das sind unsere Wunschzettel.
Heute Nacht kommen die Engelchen.
Sie sammeln alle Wunschzettel ein
und tragen sie zum Christkind!",
erklärt der Junge.
„Am Heiligen Abend bringt das Christkind uns dann,
was wir uns gewünscht haben."

„Oh! Einen Wunschzettel muss ich auch schreiben!",
ruft Anna.

Die Wiese auf dem Teller

„Heute ist Barbaratag", ruft der Wichtel.
„Da besuchen wir Daria in Polen."

Wenig später sitzen die drei in Darias Zimmer.
Sie schauen zu, wie das Mädchen Weizenkörner
in die Erde auf einem tiefen Teller drückt.

„Das wird mein Barbaraweizen", erzählt Daria.
„Die heilige Barbara lebte vor vielen hundert Jahren.
Sie beschützt die Bergleute.
Ihr zu Ehren säe ich den Barbaraweizen aus.
Jetzt muss ich die Erde nur gut feucht halten,
dann keimt und sprießt der Weizen auf dem Teller.
Und am Heiligen Abend
habe ich eine frische, grüne Wiese.
Da hinein setze ich dann meinen Lieblingsengel."

„Das sieht bestimmt schön aus", sagt Anna zu Max.
„Wollen wir das zu Hause auch einmal versuchen?"

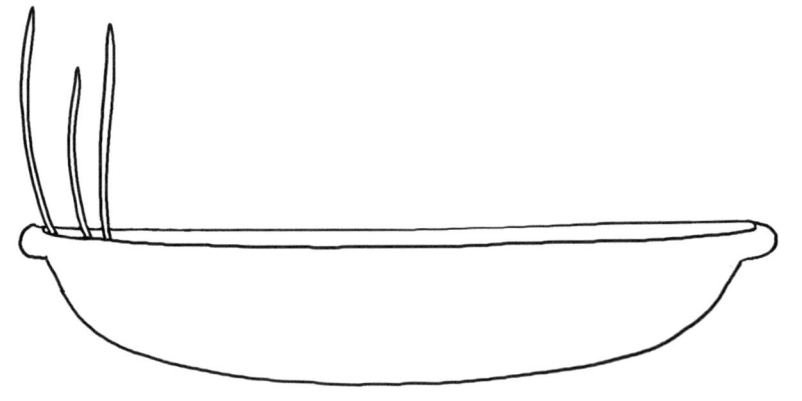

Ein Gedicht von Sinterklaas

„Festhalten!", ruft der Wichtel.
„Wir landen in Amsterdam."

Auf einem Schimmel reitet ein Mann
im roten Mantel vorbei.
Er trägt eine Bischofsmütze und einen goldenen Stab.

„Das ist Sinterklaas, der holländische Nikolaus",
erklärt der Wichtel.
„Er verteilt Geschenke, zusammen mit seinem Diener,
dem schwarzen Piet.
In jedem Geschenk steckt ein Gedicht!"

Der schwarze Piet hat ein dunkles Gesicht.
Er reicht Anna und Max zwei bunte Päckchen.

„Mmmh! Lecker! Schokolade!", murmelt Max.

Anna kichert und hält einen Zettel hoch.
„Und ein Gedicht!", ruft sie. „Danke!"

Zu Nikolaus, da mal ich gerne

für dich drei große, gold'ne _____.

Zu Nikolaus schenk ich dir Küsse

und außerdem zwei leck're _____.

Ich bin ein richtig lieber Bengel

und male für dich einen _____.

Ich wünsch dir viele Weihnachtslichter

und lauter lachende _____.

Ich schenke dir von ganzem Herzen

vier dicke, rote Weihnachts_____.

Der Hochhauskalender

Der Teppich landet auf einem riesigen Platz.

„Hier seht ihr den größten Adventskalender der Welt",
sagt der Wichtel und zeigt auf ein Hochhaus.
„Wir sind in der australischen Stadt Melbourne*
und das Hochhaus ist der Kalender."

Anna und Max staunen mit offenen Mündern.
Fünf Türchen sind bereits geöffnet worden.
Heute ist das sechste an der Reihe.

„Eigentlich sind das gar keine Türchen", sagt Anna.

„Nee", sagt Max. „Das sind richtige Tore!"

Gespannt beobachten die beiden,
wie das sechste Hochhausfenster geöffnet wird.
Dahinter steht ein australischer Weihnachtsmann
mit Sonnenbrille und Badehose.

*Melbourne, sprich etwa: Mälbörn

Der Weihnachtsmann im Fußballstadion

Der Wichtel lenkt den Teppich an einem Felsen
und einem riesigen Mann aus Stein vorbei.

„Wir sind in Brasilien", erklärt er.
„Der Felsen heißt Zuckerhut und ist
das Wahrzeichen von Rio de Janeiro*.
Die Statue ist Cristo Redentor, Christus der Erlöser.
Achtung! Wir landen im Maracanã-Fußballstadion."

Anna macht große Augen.
„Spielen wir jetzt etwa Fußball?", fragt Max.

„Natürlich nicht!" Der Wichtel lacht.
„Hier landet jedes Jahr der Weihnachtsmann."

„Er landet?", fragt Anna. „Kann er etwa fliegen?"

„Ja", sagt der Wichtel,
„denn in Brasilien kommt er mit dem Hubschrauber!"

*Rio de Janeiro, sprich etwa: Rio de Schanero

Den Weihnachtstrollen auf der Spur

Der Teppich landet in einem schwedischen Garten.
Vor einem großen Baum
liegt ein Mädchen auf dem Bauch im Schnee
und beobachtet die dicken Wurzeln.

„Hallo Tuva!", ruft der Wichtel. „Was suchst du denn?"

„Psst!", wispert Tuva. „Ihr erschreckt ja die Trolle."

„Welche Trolle?", fragt Max verdutzt.

„Die Weihnachtstrolle", erklärt das Mädchen.
„Tomtebisse, Tomte und Nisse.
Am Heiligen Abend bringen sie die Geschenke für uns
und wir kochen süßen Brei für sie.
Ich möchte die drei so gerne einmal sehen!"

„Verstecken sie sich unter dem Baum?", fragt Anna.

„Vielleicht", sagt Tuva. „Könnte doch sein ..."

_ _ m_ _ _

_ _ _ _ _ _

_ _ _ _ _ _ _ _ _ _ _ _

Wunderbunte Wickeltücher

„Dromedare!", kreischt Anna und zeigt in die Tiefe.

„Und Elefanten!", ruft Max. „Sieht nach Afrika aus!"

Der Wichtel freut sich. „Genau. Wir landen in Tansania.
Und dort ist auch mein Freund Bomba."

Der Weihnachtswichtel umarmt einen Jungen,
der gerade mit seinen Freunden ein Haus anstreicht.
Fast alle Hütten des Dorfes sind frisch gestrichen.
Sie leuchten und strahlen im Sonnenlicht.
Anna bewundert die großen, bunten Tücher,
die an Leinen zwischen den Hütten im Wind flattern.

„Gefallen dir die Kangas?", fragt Bomba.
„Zu Weihnachten schenken die Männer ihren Frauen
jedes Jahr solche prächtigen Wickelkleider.
Alles soll am Heiligen Abend schön sein.
Die Häuser und die Frauen!"

Olentzeros Tiere

Heute landet der Teppich im Baskenland in Spanien.
Vor einer kleinen Hütte sitzt ein alter Mann.
Mit flinken Fingern schnitzt er niedliche Holztiere.
In einem Weidenkorb liegen seine Schnitzereien:
Katzen, Hunde, Pferde, Elefanten, Enten, Wölfe …

„I-aaa! I-aaa!", schnaubt es plötzlich neben Annas Ohr.

„Keine Angst", beruhigt der Wichtel das Mädchen.
„Das ist doch nur Olentzeros Esel.
Olentzero ist der baskische Weihnachtsmann.
Am Heiligen Abend reitet er auf seinem Esel
in die Dörfer und schenkt jedem Kind ein Holztier."

„Schade, dass noch nicht Weihnachten ist", sagt Max.
„So einen kleinen Löwen, den hätte ich zu gerne!"

„Ein Löwe für dich, eine Maus für die junge Dame",
sagt Olentzero lachend
und schenkt jedem Kind ein Holztier.

Maus   Pferd   Ente

Elefant   Schaf

Löwe   Katze   Hund

Esel

Noch ein Geburtstag

Der Märchenteppich landet in Japan in der Stadt Tokio.
Der Wichtel legt die Hände flach aneinander
und verbeugt sich höflich vor einem Mädchen.
„Konnichiwa*, Fuku", begrüßt er sie fröhlich.

„Konnichiwa, Weihnachtswichtel!", ruft Fuku.

„Das sind Anna und Max", sagt der Wichtel.
„Sie wollen wissen, wie ihr Jesus' Geburtstag feiert."

„Weihnachten ist bei uns ein ganz normaler Tag.
Unsere Eltern arbeiten und wir gehen in die Schule.
Abends feiern wir eine Party und essen Erdbeertorte.
In den Weihnachtsbaum hängen wir Papiervögel.
Verliebte gehen an diesem Abend schick essen.
Aber viel wichtiger ist in Japan ein anderer Geburtstag:
der von unserem Kaiser Naruhito.
Und der wird am 23. Februar gefeiert", erzählt Fuku.

* Konnichiwa, sprich: Konnitschiwa

Das Zuckerfest

„Können wir nicht einmal in die Türkei fliegen?",
fragt Max den Wichtel.
„Ich möchte gerne wissen, wie man dort Weihnachten feiert."

„Kein Problem", antwortet der Weihnachtswichtel.
„Wir besuchen einfach Eske, die ist sehr nett."

Wenig später trinken sie alle bei Eske süßen Tee.

„Wie feiert ihr Weihnachten?", fragt Anna neugierig.

„Weihnachten feiern nur die Christen", erzählt Eske.
„Wir sind Muslime. Wir haben andere Feste.
Wir feiern das Zuckerfest, am Ende des Fastenmonats.
Es dauert drei Tage und wir haben schulfrei.
Es gibt ein Festessen und ein Feuerwerk
und ganz, ganz viele Süßigkeiten für uns Kinder."

„Das klingt total lecker!", ruft Max lachend.

راحة الحلقوم

Ein Weihnachtsfest, das Genna heißt

Der Märchenteppich fliegt durch die Nacht.
Anna und Max staunen, wie schnell unter ihnen
die Wälder, Meere und Wüsten vorbeisausen.

„Wir sind in Äthiopien bei Almaz!", ruft der Wichtel
und schon landen sie direkt vor einem Mädchen.

„Hallo Almaz!", sagt Anna. „Musst du schon
viel für Weihnachten vorbereiten?"

„Weihnachten?", fragt Almaz verwundert.
„Genna ist doch erst im nächsten Jahr am 6. Januar!
Da spielen wir dann alle miteinander das Spiel Genna
mit langen, gebogenen Stöcken und einer Holzkugel."

„Das klingt ja so ähnlich wie Hockey!", ruft Max.

„Später feiern wir Gottesdienst", erzählt Almaz.
„Und nach dem Festessen singen und trommeln wir."

Ein Tonkrug zum Zerschlagen

„Können wir dort landen?", fragt Max,
als der Wichtel den Teppich durch die Nacht lenkt.

„In Mexiko? Bei Luis? Klar", antwortet der Wichtel
und landet mitten auf einer Dorfstraße.
Vor einem Haus sitzen vier Kinder und formen
Gefäße aus Ton, in die sie Sterne und Muster ritzen.

„Wofür macht ihr diese Krüge?", will Anna wissen.

„Das sind keine Krüge", sagt der Junge, der Luis heißt.
„Das sind unsere Piñatas*. Für Weihnachten.
Am Heiligen Abend werden sie
mit Süßigkeiten gefüllt und aufgehängt.
Dann verbinden wir uns die Augen
und versuchen, sie mit einem Stock zu treffen.
Jeder darf dreimal zuschlagen.
Und wenn die Piñata kaputt ist,
teilen wir uns die süßen Sachen, die herunterfallen."

* Piñatas, sprich: Pinjatas

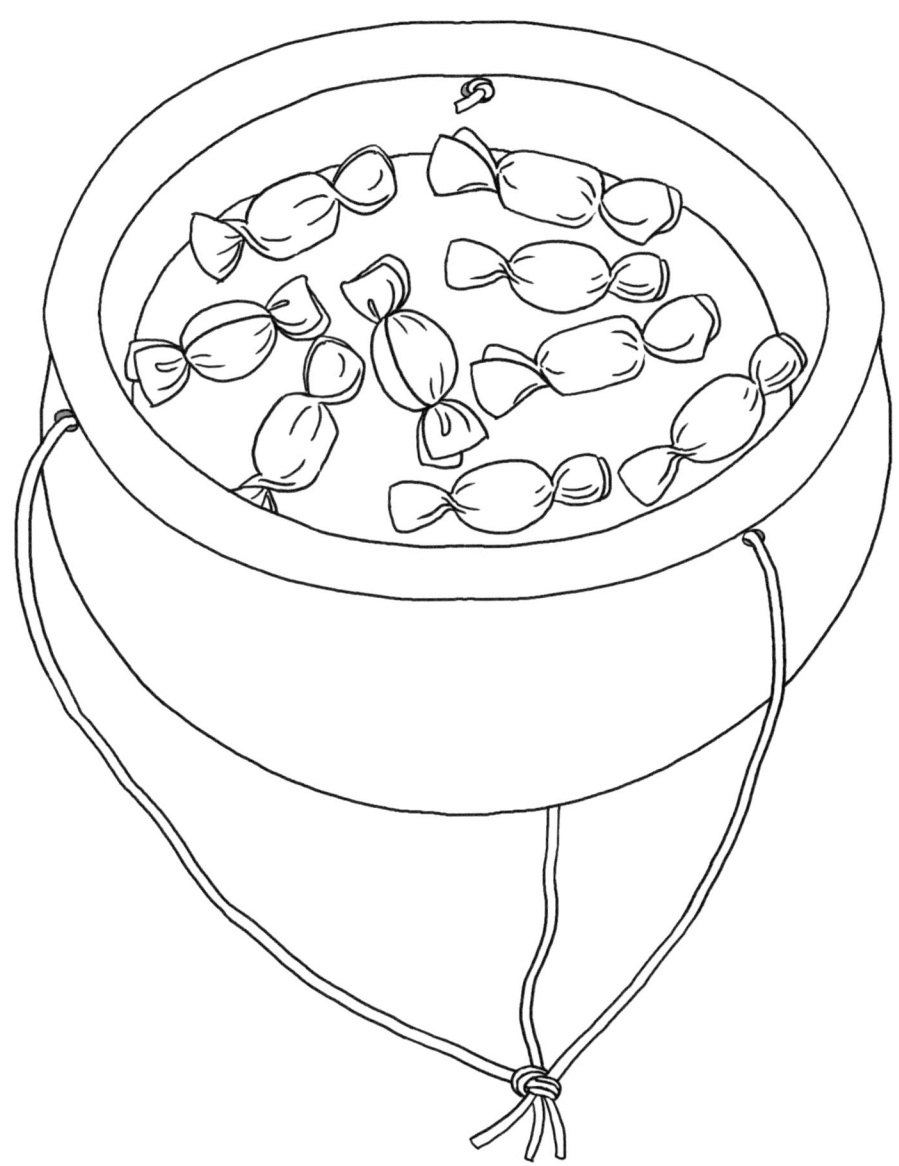

Die Piñata enthält neun Bonbons.
Drei Bonbons sind rot, drei sind grün und zwei sind blau.
Ein Bonbon ist gelb.

Silvestergeschenke

Der Märchenteppich landet im verschneiten Moskau.
Anna und Max bestaunen die Giebel der Häuser
und die Türme mit den bunten Kuppeln.

„Wie nett", ruft der Wichtel
und zeigt auf einen Jungen,
der durch den Schnee auf sie zu stapft.
„Da kommt Lew, um uns zu begrüßen!"

„Hallo Lew! Was wünschst du dir zu Weihnachten?",
fragt Anna neugierig.

„In Russland gibt es zu Weihnachten keine Geschenke",
erzählt Lew. „Väterchen Frost
und seine Enkelin Schneeflöckchen
bringen die Geschenke an Silvester.
Sie legen sie unter die Neujahrstanne.
Weihnachten feiern wir in der Nacht zum 7. Januar."

„Lustig", sagt Max kichernd. „Silvestergeschenke!"

Der Neujahrsdrache

„Wohin geht die Reise heute?", fragt Max den Wichtel.

„Nach China", sagt der Zwerg. „Ins Reich der Mitte."

Der Teppich landet in Peking vor einem Kaufhaus.
In den Schaufenstern sitzen Pandas aus Plüsch
unter bunt geschmückten Plastiktannen.
Der Weihnachtswichtel begrüßt das Mädchen Lin.
Lin erzählt, dass viele Chinesen keine Christen sind
und deshalb Weihnachten gar nicht feiern.

„Dafür feiern wir das Neujahrsfest", berichtet Lin stolz.
„Mein Lieblingsfest – das schönste Fest in China!
Wir schmücken unsere Häuser
mit roten Bändern und roten Laternen.
Rot ist unsere Glücksfarbe.
Viele Menschen verkleiden sich als Drachen und Löwen
und führen wunderschöne Tänze auf.
Und es gibt ein riesiges Feuerwerk!
Das ist immer toll!"

Die Weihnachtshexe

„Heute besuchen wir die Hexe Befana in Italien",
verkündet der Wichtel, als der Teppich startet.
Auf eine echte Hexe sind Anna und Max gespannt.

Sie landen vor einem kleinen Haus.
Als der Weihnachtswichtel klopft, schimpft die Hexe:
„Keine Zeit! Sonst komme ich wieder zu spät."

„Wohin kommst du denn zu spät, Befana?", fragt Anna.

„Zum Jesuskind. Als Jesus geboren war,
fragten die Heiligen Drei Könige mich,
ob ich mit ihnen zur Krippe ziehen will.
Ich aber wollte erst noch mein Haus putzen.
Und dann habe ich Jesus nicht mehr gefunden
und konnte ihm mein Geschenk nicht geben.
Deshalb fliege ich jedes Jahr am 6. Januar
zu allen Kindern und bringe ihnen Geschenke.
Ich hoffe, dass einmal das Jesuskind dabei sein wird,
damit es doch noch ein Geschenk von mir bekommt."

Lösungssatz: Die ___ ___ ___ ___ kam ___ ___ spät.
　　　　　　　　　1　2　3　4　　　　5　6

Ein Lichterfest mit neun Kerzen

„Auf geht's, wir reisen nach Israel!", ruft der Wichtel.

„In das Land, in dem Jesus geboren wurde?",
fragt Max. „Wie cool!"

Am Strand von Tel Aviv* treffen sie den Jungen Amit.
Er erzählt, dass die meisten Menschen in Israel
Juden sind und Weihnachten gar nicht feiern.

„Aber wir haben ein besonderes Lichterfest!"
Die drei Reisenden hören Amit neugierig zu.

Amit erzählt: „Wir feiern acht Tage lang Chanukka*.
Jeden Tag zünden wir eine Kerze an,
bis alle Kerzen auf dem Chanukka-Leuchter brennen.
Der Leuchter hat Platz für neun Kerzen.
Die Kerze in der Mitte ist Schamasch, der Diener.
An ihr zünden wir die übrigen acht Kerzen an.
Und wir bekommen jeden Tag ein Geschenk!"

* Tel Aviv, sprich: Tel Awiv
* Chanukka, sprich: „ch" wie in „acht"

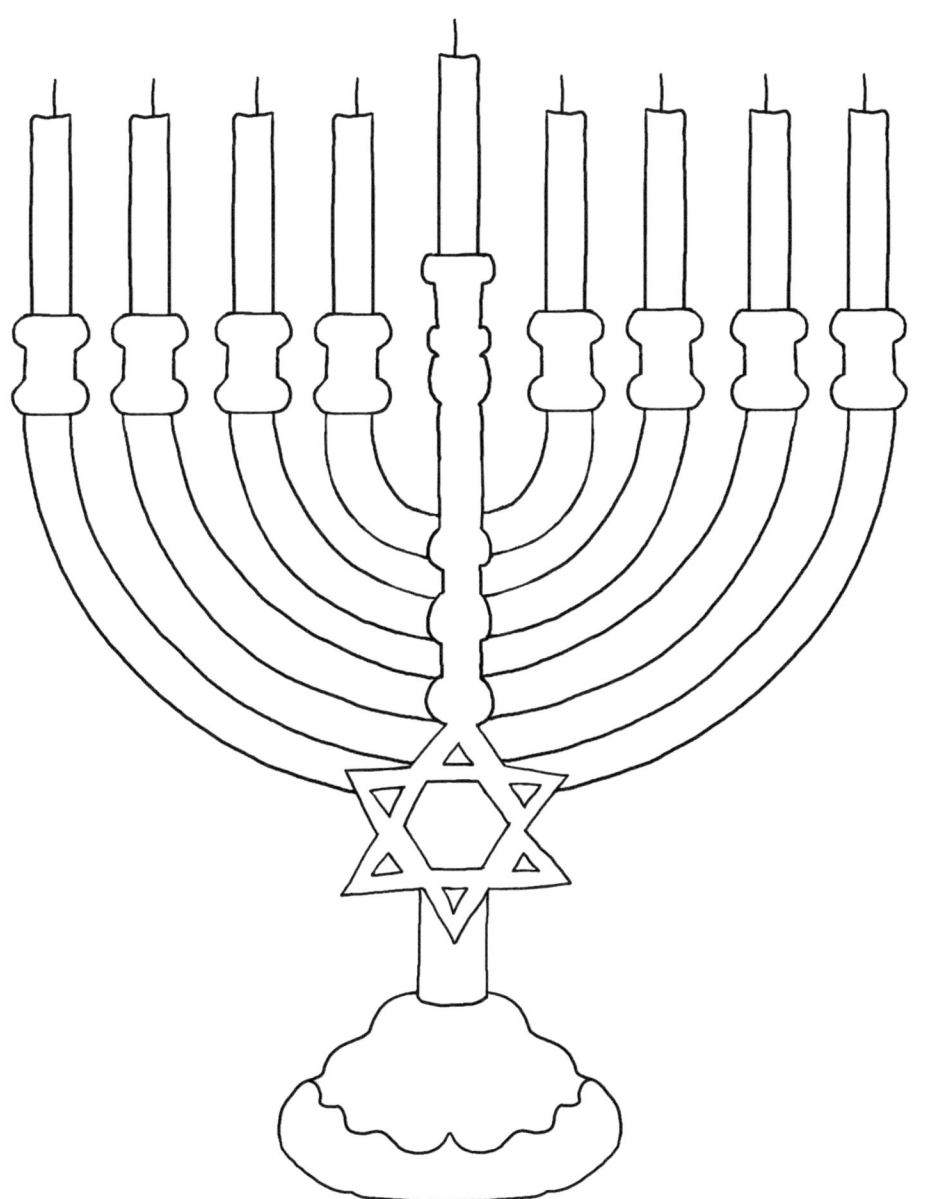

Die allergrößte Socke

Durchs Fenster saust der Teppich in ein Zimmer.
Auf dem Fußboden wühlt ein Junge
in einem Haufen Socken.
„Das ist John*", sagt der Wichtel.

„Was machst du mit den Socken, John?",
fragt Max neugierig.

„Die gehören meinem Dad*", erklärt John und kichert.
„Ich brauche die größte.
Bei uns in England kommt Santa Claus*
in der Heiligen Nacht durch den Schornstein
und stopft die Geschenke in die Socken,
die wir an unsere Betten hängen.
Je größer die Socke, desto mehr Geschenke!"

„Viel Spaß beim Sockensuchen!",
ruft Anna, als der Teppich startet.
„Bis Weihnachten hast du ja noch Zeit!"

John, sprich etwa: Dschonn
Dad, sprich: Däd
Santa Claus, sprich etwa: Sänta Kloß

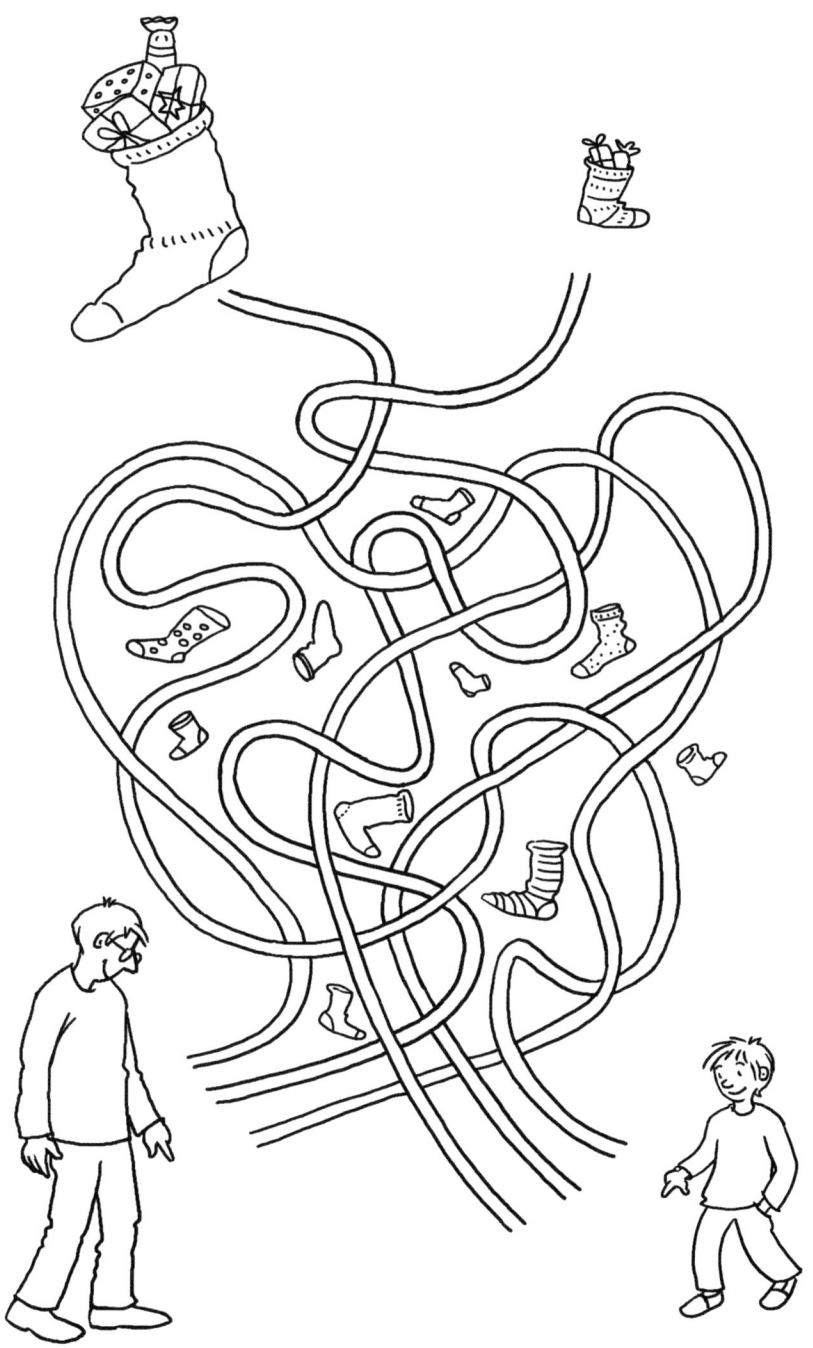

Lichterboote

„Wo sind wir denn jetzt gelandet?", fragt Anna
und schaut sich auf der sonnigen Hotelterrasse um,
auf der der Märchenteppich plötzlich liegt.

Vor ihnen steht ein kleiner Weihnachtsmann.
Er trägt eine Badehose, einen roten Pullover,
eine rote Pudelmütze, einen weißen Rauschebart
und grüne Plastik-Badelatschen.
„Bist du etwa der Weihnachtsmann?", fragt Max.

„Ich bin Hotelpage* und heiße Niti", erklärt der Junge.
„Wir ziehen uns nur für die Hotelgäste so an.
Hier in Thailand feiern wir Weihnachten nicht.
Wir feiern andere Feste, zum Beispiel Loy Krathong.
Das ist mein Lieblingsfest. Zu Ehren der Flussgöttin
schmücken wir kleine Boote mit Lichtern und Blumen
und lassen sie über die Flüsse ins Meer fahren."

„Das sieht bestimmt toll aus", sagt Anna verträumt.

Hotelpage, sprich: „age" wie in „Garage"

Die Weihnachtswunschtanne

„Hello! We are in America! This is New York!*“,
ruft der Wichtel und zeigt auf die riesigen Hochhäuser.
Gelbe Taxis rasen durch breite Straßen.
Vor einer Kirche entdecken Anna und Max eine Tanne.
In ihren Zweigen hängen viele bunte Briefe.
Ab und zu kommt jemand und pflückt einen ab.
Plötzlich rennt ein kleines Mädchen zu der Tanne.
Außer Atem knotet sie einen Umschlag in die Zweige.

„Was machst du da?“, fragt Max neugierig.

„Meine Eltern haben sehr wenig Geld“,
erzählt das Mädchen, das Mary* heißt.
„Sie können mir kein Weihnachtsgeschenk kaufen.
Aber ich wünsche mir doch so sehr ein Pferdebuch.
Jetzt habe ich meinen Wunsch in die Tanne gehängt.
Bestimmt holt jemand meinen Wunsch ab
und legt am Heiligen Abend ein Pferdebuch
für mich unter die Tanne.“

*Hello! We are in America! This is New York!, sprich etwa: Hellou! Wi ar in Ämärika!
Sis is Nu Jork!
* Mary, sprich etwa: Märi

schuSchlitthe
hauspenPup
spensbuchterGe

Ein süßer Holzklotz

„Voilà* – Paris!", sagt der Weihnachtswichtel,
als sie mitten in der französischen Stadt landen.
„Ah, bonsoir, Lou*!", begrüßt er ein Mädchen.

„Wir waren schon in vielen Ländern", erzählt Anna.
„Überall feiern die Menschen Weihnachten anders.
Erzählst du uns, wie es bei euch ist, Lou?"

„Während der Weihnachtstage brennt bei uns
ein großer Holzklotz im Kamin, der Bûche de Noël*.
Aber ich mag den Klotz aus Biskuit und Schokolade,
den es am Heiligen Abend zum Nachtisch gibt,
viel lieber", erzählt Lou.
„Nach dem Weihnachtsfestessen
gehen wir in den Gottesdienst.
Wenn wir wieder nach Hause kommen,
dann hat Père Noël* mit seinem Tragekorb
schon die Geschenke gebracht."

*Voilà, sprich etwa: Woala
*bonsoir, Lou!, sprich etwa: boswa Lu!

*Bûche de Noël, sprich etwa: Büsch de Noäl
*Père Noël, sprich etwa: Pär Noäl

Der französische Weihnachtskuchen sieht aus wie ein

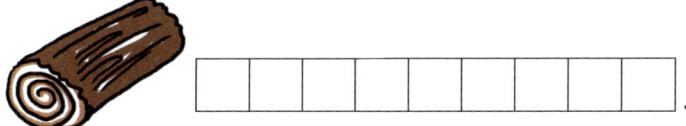 ☐☐☐☐☐☐☐☐☐ .

Kleiner Weihnachtsabend

Heute erreichen die drei Reisenden Dänemark.
Der Schnee wirbelt schimmernd durch die Dunkelheit,
als sie in einem verschneiten Garten landen.
Ein Junge rennt aus dem Haus und ruft:
„Liv! Schau mal! Besuch – am Lillejuleaften*!"

Kurz darauf sitzen Anna, Max und der Wichtel
mit Per und seiner Schwester Liv am Küchentisch
und basteln Herzchen aus weißem und rotem Papier.
Es gibt Tee und leckeren Apfelkuchen.
Auf dem Tisch brennt der Rest einer Adventskerze.
Nur noch die Zahlen 23 und 24 sind auf ihr zu sehen.

„Lillejuleaften – was ist das denn?", fragt Anna.

„Das heißt kleiner Weihnachtsabend", erklärt Liv.
„Den feiern wir mit Tee und Apfelkuchen
am Tag vor Weihnachten,
nachdem wir die Tanne geholt haben."

Lillejuleaften, sprich etwa: Lillei-uleafden

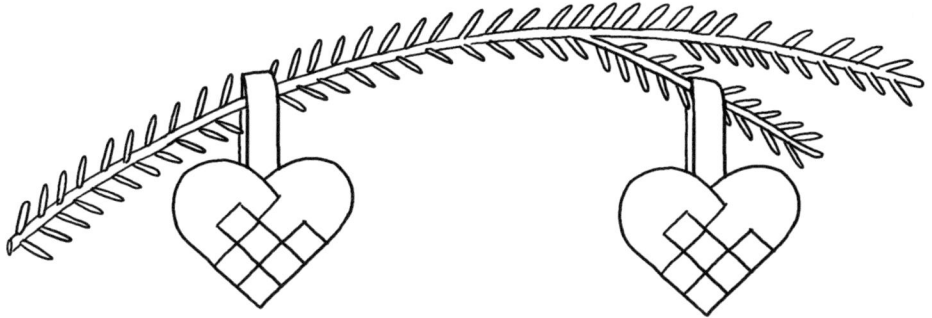

Der Abschied

Heute ist Heiligabend.
Die wunderbare Reise durch den Advent ist vorbei.
Max und Anna sind gleichzeitig traurig und glücklich.
Es war so schön, mit dem Weihnachtswichtel zu reisen,
und es ist so schade, dass das nun alles vorüber ist.

Gleich treffen die Kinder den Wichtel zum letzten Mal.
Er will sie in den Weihnachtsgottesdienst begleiten.
Anna und Max stehen am Fenster und warten.
Der Schnee glitzert im Mondschein
und die Sterne funkeln am Himmel.
Wunderbar friedlich und weihnachtlich sieht das aus.
Als die Kirchenglocken zum Gottesdienst rufen,
landet der Teppich vor dem Fenster.

Gerade noch rechtzeitig huschen
Anna, Max und der Wichtel in die Kirche.
Als die ersten brausenden Orgeltöne erklingen,
macht der Wichtel große Augen und flüstert andächtig:
„Schööööön!"

Der Gottesdienst gefällt dem kleinen Wichtel sehr.
Er mag die Tanne mit den vielen brennenden Kerzen.
Er liebt die Weihnachtslieder und er singt laut mit.
Er lauscht aufmerksam der Weihnachtsgeschichte.

Nach dem Gottesdienst müssen sie Abschied nehmen.

„Frohe Weihnachten", sagen Anna und Max
und reichen dem Wichtel ein großes Bild.
„Das ist für dich!"

Alles ist auf dem Bild zu sehen:

der bunte Märchenteppich,

das Weihnachtslama,

das Wunschzettelfenster,

der Barbaraweizen,

Sinterclaas und der schwarze Piet,

der Hochhauskalender,

der Hubschrauber aus Brasilien,

der Troll Tomtebisse,

eine Kanga,

ein Holzesel von Olentzero,

ein Papiervogel,

eine türkische Süßigkeit,

eine Trommel,

eine Piñata,

Väterchen Frost,

ein Drache,

die Hexe Befana,

ein Chanukka-Leuchter,

eine Socke,

ein Lichterboot,

die Tanne mit den Wunschzetteln,

ein süßer Holzklotz und

ein weiß-rotes Papierherz.

„Vielen Dank", sagt der Wichtel gerührt
und krabbelt auf seinen Teppich.
„Was für eine schöne Erinnerung!"

Und bevor Anna und Max die Tränen sehen können,
die im Bart des Wichtels schimmern,
hebt sich der Zauberteppich hoch in die Luft.

„Frohes Fest und – lebt wohl!", ruft der Wichtel,
während er höher und höher fliegt
und schließlich am Nachthimmel
zwischen den Sternen verschwindet.

Materialangaben und Anregungen zum kreativen Gestalten

1. Besuch in der Nacht
Material: Buntstifte
Anregung: Vervollständige die Muster im Märchenteppich. Male das Bild bunt aus.

2. Das Weihnachtslama
Material: Buntstifte, Klebestift, bunte Bänder und Wollfäden
Anregung: Male das Bild farbig aus und beklebe das Lama mit Bändern, die du zu Schleifen binden kannst, und der Wolle.

3. Das Wunschzettelfenster
Material: Klebestift, Watte, kleine Post-its, Bleistift, Buntstifte
Anregung: Beklebe den Fensterrahmen mit Watteflöckchen. Klebe weitere Wunschzettel in das Fenster, beschrifte sie mit deinen Wünschen und verziere sie mit weihnachtlichen Bildern.

4. Die Wiese auf dem Teller
Material: Kartonstreifen, grüne Malfarbe, ein Blatt Papier (DIN A5), Buntstifte, Glitzerpulver, Schere, Klebestift
Anregung: Stemple mit den Kartonstreifen und der Malfarbe die grünen Weizenhalme, die auf dem Teller sprießen. Gestalte auf dem Blatt Papier mit Buntstiften und Glitzerpulver einen Engel, schneide ihn aus und klebe ihn auf. Male die Sternenkette aus.

5. Ein Nikolausgedicht
Material: Bleistift, Buntstifte
Anregung: Finde zu jedem Vers das richtige Reimwort und schreibe es auf die Linie. Male die Bilder bunt aus.

6. Der Hochhauskalender
Material: Bleistift, Buntstifte
Anregung: Löse das Kreuzworträtsel. Male alle Bilder bunt aus.

7. Der Weihnachtsmann im Fußballstadion
Material: Buntstifte, Schere, Alufolie, Klebestift
Anregung: Verziere den Hubschrauber mit weihnachtlichen Motiven. Schneide Streifen aus Alufolie aus und beklebe damit seine Kufen, seine Rotorblätter und seinen Heckrotor. Male das Bild farbig aus.

8. Die drei Weihnachtstrolle
Material: Klebestift, Filzreste, Märchenwolle, Bleistift, Buntstifte
Anregung: Klebe den Trollen Umhänge sowie Mützen aus Filz und anschließend Bärte aus Märchenwolle an. Beschrifte jeden mit seinem Namen. Male das Bild bunt aus.

9. Wunderbunte Wickeltücher
Material: Buntstifte
Anregung: Male das Bild farbig aus.

10. Olentzeros Holztiere
Material: Bleistift, Buntstifte
Anregung: Beschrifte die Tiere. Die Nomen im Korb helfen dir dabei. Male das Bild farbig aus.

11. Noch ein Geburtstag
Material: Bleistift, Buntstifte, Klebestift, bunte Federn, Glitzerpulver
Anregung: Zeichne den Umriss deiner Hand in das Buch. Spreize dabei deine Finger. Zeichne Augen und Schnabel an den Daumen. Male das Bild bunt aus und beklebe es mit Federn und Glitzerpulver.

12. Das Zuckerfest
Material: Buntstifte
Anregung: Der arabische Begriff heißt „rahat al-hulqum" und bedeutet „Ruhe für den Gaumen". Fahre ihn mit verschiedenen Buntstiften mehrfach nach. Male das Bild farbig aus.

13. Ein Weihnachtsfest, das Genna heißt
Material: Buntstifte
Anregung: Die Trommeln der beiden Kinder sehen gleich aus. Verziere die rechte Trommel genauso wie die linke. Male alles bunt aus.

14. Ein Tonkrug zum Zerschlagen
Material: Buntstifte
Anregung: Male die Bonbons richtig aus und verziere den Krug.

15. Silvestergeschenke
Material: Buntstifte, Tasse (Durchmesser höchstens 5 cm), Bleistift, weißes Papier, Schere, Klebestift
Anregung: Male die Häuser farbig aus. Bastle Schneeflocken. Nimm dafür eine Tasse als Schablone, zeichne einen Kreis auf das Papier und schneide ihn aus. Falte den Kreis in der Mitte (Abb. 1). Falte den Halbkreis noch einmal zur Hälfte (Abb. 2) und den Viertelkreis nochmals zur Hälfte (Abb. 3). Zeichne Zacken an die geraden Ränder und schneide den mittleren Teil aus (Abb. 4). Tipp: Mache zuerst einen Schnitt in den mittleren Teil (Abb. 5) und schneide dann die feinen Zacken aus. Falte das Papier wieder auf. Klebe zwei Flocken in den Nachthimmel.

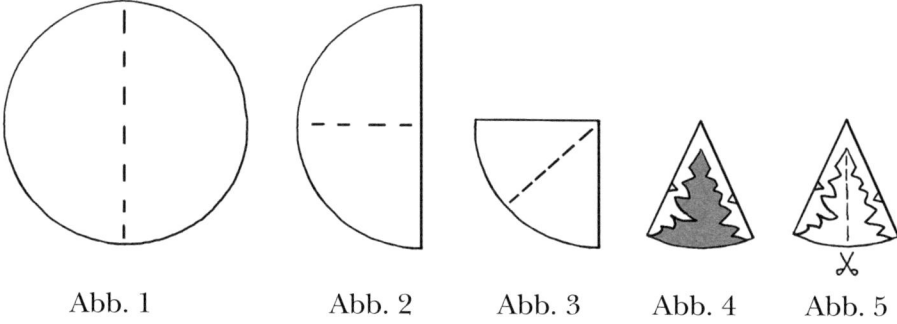

Abb. 1   Abb. 2   Abb. 3   Abb. 4   Abb. 5

16. Der Neujahrsdrache
Material: Bleistift, Buntstifte
Anregung: Verbinde erst die Buchstaben und dann die Zahlen in der richtigen Reihenfolge. Male das fertige Bild farbig aus.

17. Die Weihnachtshexe
Material: Bleistift
Anregung: Löse das Bild-Wort-Rätsel. Trage die Buchstaben in der richtigen Reihenfolge in den Lösungssatz ein. Was geschah, als die Hexe putzte, statt mit den Königen zum Jesuskind zu gehen? Male alles aus.

18. Ein Lichterfest mit neun Kerzen
Material: Klebestift, Goldpapier, Buntstifte
Anregung: Beklebe den Leuchter mit Goldpapierschnipseln. Male jede Kerze farbig aus und auf jede Kerze eine Flamme.

19. Die allergrößte Socke
Material: Buntstifte
Anregung: Der kleine John will die große Socke haben. Finde die Wege durch das Labyrinth. Male das Bild bunt aus.

20. Lichterboote
Material: buntes Papier (DIN A6), Schere, Klebestift, Buntstifte
Anregung: Bastle Papierschiffchen. Falte dafür das Blatt zur Hälfte. Die Öffnung zeigt nach unten (Abb. 1). Falte es von links nach rechts und öffne es wieder. Der Knick ist die Mittellinie (Abb. 2). Falte die linke und rechte obere Ecke zur Mittellinie (Abb. 3). Klappe die überstehenden unteren Streifen vorne und hinten nach oben. Falte die überstehenden Ecken jeweils nach hinten, sodass ein Hut entsteht (Abb. 4). Öffne den Hut von unten, drehe eine Ecke zu dir und lege ihn zu einem Quadrat (Abb. 5). Falte die untere Spitze vorne und hinten nach oben (Abb. 6). Jetzt öffne das Dreieck erneut von unten, drehe eine Ecke zu dir und lege es als Quadrat vor dich hin (Abb. 7). Ziehe die oberen Spitzen auseinander – das Papierschiffchen ist fertig (Abb. 8). Schneide eine Kerze aus und klebe sie in das Schiff. Klebe zwei Boote auf den Fluss. Verziere sie mit Blumen. Male das Bild farbig aus.

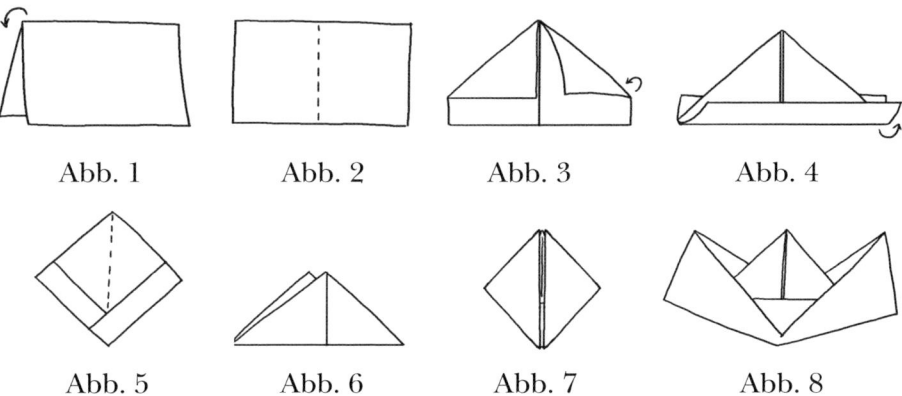

Abb. 1   Abb. 2   Abb. 3   Abb. 4

Abb. 5   Abb. 6   Abb. 7   Abb. 8

21. Die Weihnachtswunschtanne

Material: Bleistift, Buntstifte

Anregung: Lies die Purzelwörter. Wie heißen die Wünsche richtig? Schreibe sie auf den leeren Wunschzettel. Male das Bild bunt aus.

22. Ein süßer Holzklotz

Material: Buntstifte, Bleistift

Anregung: Male das Bild farbig aus und vervollständige den Satz.

23. Kleiner Weihnachtsabend

Material: Bastelbogen 1, Schere, Klebestift, Buntstifte

Anregung: Bastle ein weiß-rotes Papierherz. Schneide dazu die rote und weiße Herzhälfte vom Bastelbogen aus (Abb. 1). Schneide beide Teile an den gestrichelten Linien ein und verflechte sie anschließend miteinander (Abb. 2 und 3). Bestreiche das entstandene Herz an den Rändern mit Klebstoff und klebe es in dein Adventsbüchlein (Abb. 4). Jetzt kannst du etwas in die Herztasche stecken. Male den Rest farbig aus.

 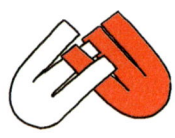  

Abb. 1   Abb. 2   Abb. 3   Abb. 4

24. Der Abschied

(Vor-)Lesegeschichte

Material: Bastelbogen 2, Schere, Klebestift

Anregung: Lest die Geschichte gemeinsam. Schneide die Bilder vom Bastelbogen aus und klebe sie passend zur Geschichte.

© 2016 Hase und Igel Verlag GmbH, München
www.hase-und-igel.de
Lektorat: Patrik Eis, Mira Fischer, Sandra Hummel-Kuhn
Satz: Appel Grafik München GmbH
Druck: PASSAVIA Druckservice GmbH & Co. KG, Passau

ISBN 978-3-86760-498-7
7. Auflage 2024

Bastelbogen 1 ✂

23. Dezember

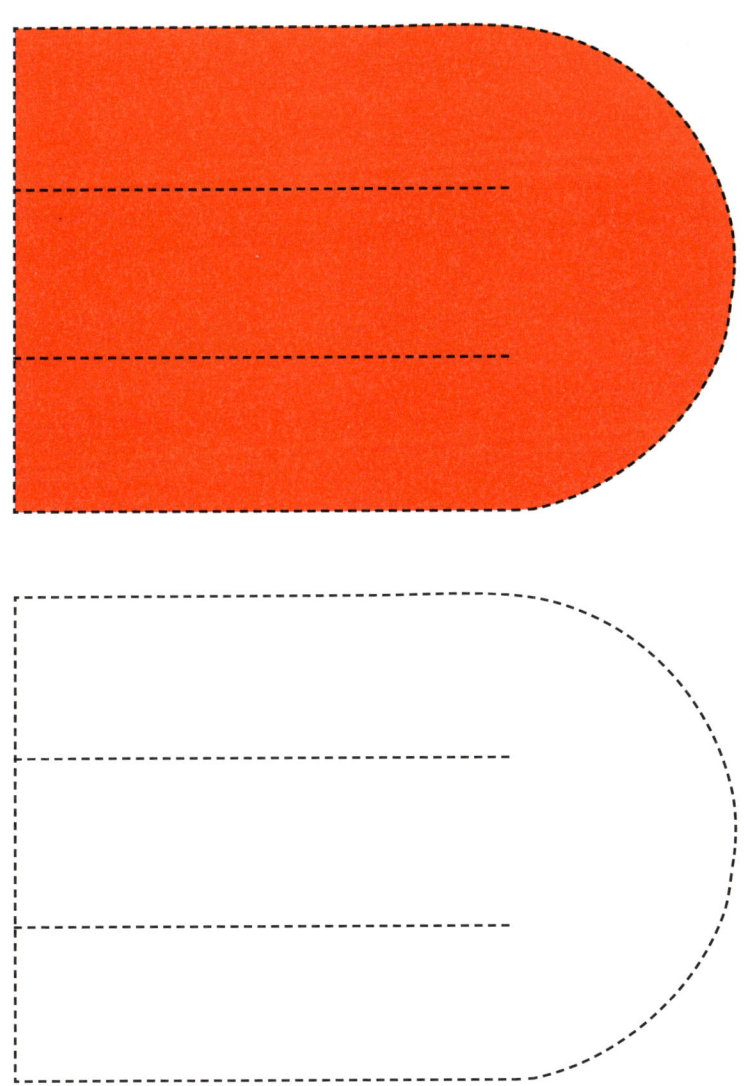

Bastelbogen 2 ✂

24. Dezember